Estrategia de integración al mercado laboral

Estrategia de integración al mercado laboral

Cómo lograr que el nuevo profesional
se integre rápida y efectivamente
a una organización

José Juan González Uresti

Olibros
en red

www.librosenred.com

Dirección General: Marcelo Perazolo
Diseño de cubierta: Laura Gissi

Primera edición en español - Impresión bajo demanda

© LibrosEnRed, 2020
Una marca registrada de Amertown International S.A.

ISBN: 978-1-62915-372-8

Para encargar más copias de este libro o conocer otros libros de esta colección visite www.librosenred.com

NOTAS DEL AUTOR

Hace poco más de diez años, nace una idea y la inquietud de llevar a cabo este proyecto que ahora te comparto. Desde aquel momento la visión que tenía era clara, el modo de materializarla no.

La visión era y es lograr una vinculación efectiva entre las universidades y el mercado laboral. En esencia, *cómo lograr que los nuevos profesionistas se integren rápida y efectivamente a una organización.*

El año 2007 fue un año muy revelador y productivo para el avance de este proyecto, colaboré con la Universidad Autónoma del estado como subdirector de vinculación, lo que complementó y dio más sentido a la idea original… En ese año el nombre del proyecto como tal se convirtió en un hecho…

Otra intención de este proyecto es dictar conferencias en institutos, universidades y escuelas de Educación Media y Superior en todo el mundo…Y estoy trabajando para cumplir ese sueño…

En estos años, el proyecto se ha ido enriqueciendo con investigación del mercado laboral, estudio del comportamiento organizacional, visto desde dentro y fuera de las organizaciones, experiencias y educación formal e informal, y en el año 2012 logré obtener mi certificado de derechos de autor de esta obra.

Al inicio, el proyecto fue pensado para los nuevos profesionistas, desde los que estaban a un año de egresar hasta los que se había egresado hacía cinco años. Sin embargo, en el camino me he dado cuenta de que la necesidad existe inclusive en profesionistas con más de cinco años dentro del mercado laboral, en quienes están en busca de oportunidades para mejorar en su carrera o reincorporarse al mercado laboral.

Tengo un compromiso personal un tanto idealista con todo aquel que participa en una entrevista de trabajo conmigo, con todo aquel compañero que se integra como nuevo elemento dentro de la organización en la que yo trabajo o participo. La Retroalimentación es clave para lograr cambios inmediatos a fin de aumentar la efectividad en la interacción y al mismo tiempo aumentar la posibilidad de éxito en el proceso de integración...

Puedo decir que este proyecto es también cumplir con mi compromiso personal contigo, porque estamos interactuando, y has llegado hasta aquí en busca de información que te ayude en tu proceso de integración al mercado laboral. Espero que disfrutes el viaje a lo largo de estas páginas, y que te ayude a desarrollar tu propia estrategia de integración al mercado laboral, un mercado laboral cada vez más competitivo.

En la redacción de este libro encontrarás metáforas, experiencias y comentarios que motivan los procesos de pensamiento y retan las estructuras mentales; tal vez en ocasiones pueden parecerte un tanto irrelevantes. Te comparto un secreto: todo lo escrito aquí está escrito un propósito. ¡Disfrútalo!

El autor

DEDICATORIAS

A mis padres, inagotable fuente de inspiración.

A mis hermanos Xico y Rabin, quienes en todo momento me han dado su apoyo.

A mis hijas Ethel, Gizell y Kristel, tesoro de mi transformación, por quienes me reinvento cada día.

A mi esposa Ethel, amor incondicional que impulsa mi vida.

AGRADECIMIENTOS

*Le agradezco a Dios por todas las
bondades que ha puesto en mi camino.*

*A todas aquellas personas con las que
he tenido la oportunidad de coincidir,
porque le han dado un sentido especial
a mi vida…*

Introducción

La base de la estrategia de integración al mercado laboral es el Modelo de Integración 3-D.

Modelo de Integración al Mercado Laboral
3 - D

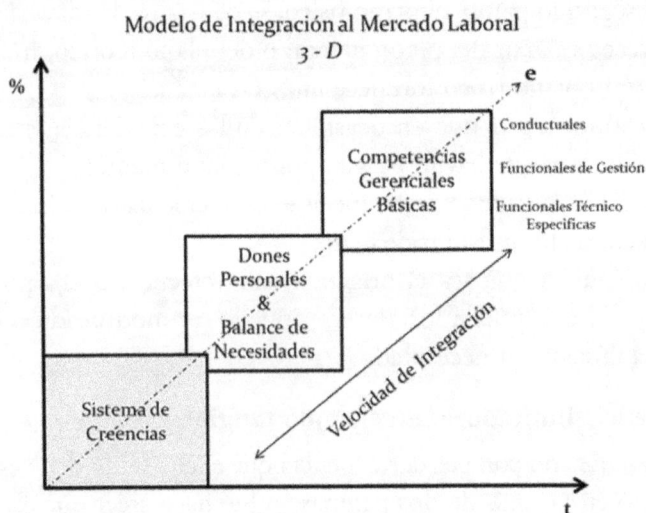

Sistema de creencias

El mercado laboral requiere de profesionistas que estén convencidos de que pueden cambiar el mundo, profesionistas que tengan un sistema de creencias firmes y al mismo tiempo la flexibilidad necesaria para mejorar continuamente.

Si crees lo que siempre has creído, vas a hacer lo que siempre has hecho y obtener lo que siempre has obtenido. Las creencias son como profecías que se autorrealizan.

El sistema de creencias nace en dos planos: el primero es el plano mental, y el segundo es el plano físico, las evidencias.

El plano mental es el plano teórico, imaginario, que hace posible ser y lograr sin hacer. En ese espacio mental, puedes dar forma a tus ideas y a tus sueños y visualizar tus logros, tus resultados.

En este plano cada uno de nosotros elige las creencias por medio de las cuales hacemos posible las experiencias o las evidencias del plano físico.

El segundo plano, el plano físico, se construye la mayoría de las veces a partir del plano mental o del plano teórico, imaginario. El plano físico fortalece nuestras creencias.

Es válido decir que en ocasiones de las experiencias nacen creencias sin que hayan pasado por el plano mental.

En nuestro sistema de creencias existen creencias limitadoras y creencias propulsoras de éxito.

Cualquiera que sea el origen de una creencia o el tipo de creencia, esta puede fortalecerse, puede ser modificada o eliminada según la necesidad.

Creencia limitadora, un ejemplo tangible

He escuchado con cierta frecuencia que el currículo debe estar escrito en no más de dos páginas. ¿Qué hace creer que eso es lo correcto?

Le hemos dado poder a personas a nuestro derredor para instalar en nosotros todo tipo de creencias y en ocasiones ni las cuestionamos.

El currículo es nuestra carta de presentación, es nuestra entrevista escrita, es como un buen libro, y escrito en forma adecuada captará la atención del lector, quien querrá leer más. La extensión del currículo depende de lo que tengas que compartir y de la posición a la que aplicas.

Te sorprenderá saber que más del ochenta por ciento de los currículos que he leído en más de dos mil entrevistas que he realizado tienen una gran oportunidad de mejora, y no precisamente por la extensión del currículo, sino por la estructura y el contenido.

Y en igual medida he podido apreciar una falta de preparación para la entrevista de los candidatos, por lo que creo firmemente que este libro será de gran utilidad.

¿Crees que eres un buen profesionista?

¿Crees que estás bien preparado para integrarte al mercado laboral?

¿Crees que la escuela de educación superior donde terminaste tus estudios profesionales te ha ofrecido una preparación adecuada?

¿Qué te hace creer lo que crees?

DONES PERSONALES

He seleccionado cuatro dones personales, que, estoy seguro, la mayoría de nosotros poseemos, y en la medida de que hagamos uso adecuado de ellos, aumentaremos significativamente la velocidad y la efectividad de integración.

Estos dones son:

- Autoconocimiento
- Conciencia
- Visualización creativa
- Voluntad independiente

Autoconocimiento es la capacidad que tenemos de conocernos a nosotros mismos, de saber lo que sabemos y lo que no sabemos

Plantearnos un objetivo y ser capaces de decir "Para lograr este objetivo, esto es lo que tengo que hacer, y esto es lo que tengo que dejar de hacer". Y si no sabemos algo, investigar y que preguntar.

Hay conocimiento en el mundo que ni siquiera sabemos que existe. Este es el poder del autoconocimiento. Hay cosas que no sabemos que existen, y ni siquiera sabemos cuáles son, a eso lo llamamos "lo desconocido".

El gran poder del autoconocimiento es que nos brinda la capacidad de identificar creencias y de saber cuáles habrá de fortalecer, modificar o eliminar.

Cuando estás en búsqueda de una oportunidad de trabajo, debes prepararte, aplicar adecuadamente el autoconocimiento.

Conciencia es la capacidad que tenemos de reconocer que lo que hacemos está bien o mal de acuerdo a nuestros valores, creencias y reglas sociales.

Cuanto más transparentes seamos con respecto a nuestros actos, menos energía perdemos, y más enfoque tenemos para lograr nuestros objetivos.

Visualización creativa es la capacidad de visualizar, imaginar o diseñar mentalmente nuestro futuro.

Visualiza o imagina que vamos de viaje, nos aproximamos al mostrador donde se venden los boletos. Pedimos un boleto, y lo primero que te preguntan es "¿A dónde?". Tú vuelves a pedir un boleto, y te hacen nuevamente la pregunta: "¿A dónde?". Tú respondes que a donde sea, y te venden un boleto. ¿Cuál crees que te venderán? Quizá te vendan el boleto más caro, y quizá corresponda al destino más lejano.

Si permites que alguien más elija el destino por ti, seguramente pagarás muy caro y tal vez terminarás en un lugar que no te gustará.

Sueña en grande, visualiza o imagina ese futuro que quieres, siémbralo en tu interior hasta que se vuelva un deseo ardiente, puedes lograrlo.

Sueña en grande y comprométete con ese sueño, cree firmemente que es posible, disfruta el presente con plenitud, con la certeza de saber que vas en el camino correcto hacia tus sueños.

Puedes visualizar ese trabajo que deseas. Te sorprenderás con tu capacidad de transformar las oportunidades que se te presenten.

Voluntad independiente es la capacidad que tenemos de elegir cómo actuar ante cualquier circunstancia que se presente en la vida.

Este es el don de la acción, es tomar la decisión de hacer lo necesario para moverte rumbo a tus sueños.

Solo nosotros podemos hacer lo necesario por nosotros mismos y lograr los objetivos que nos hemos planteado.

El mercado laboral es cada vez más competitivo y cambiante, por lo que es necesario estar en forma para generar oportunidades, hacer crecer esas oportunidades e integrarse a una velocidad adecuada.

Solo tú tienes el poder de elegir, de decidir, llegado el momento, si aceptas o no una oferta laboral. Ese es el verdadero poder de este don maravilloso que es la voluntad independiente.

Competencias gerenciales básicas

Las competencias se definen como conocimientos y habilidades necesarias para realizar una actividad.

Las competencias gerenciales son conocimientos y habilidades para lograr resultados en función de los roles y de las responsabilidades profesionales que desempeñas.

Es cierto que existen más competencias gerenciales que las aquí compartidas, pero estas son básicas...

Las competencias gerenciales seleccionadas tienen aplicación transversal en las profesiones, de tal modo que son aplicables para arquitectos, ingenieros, licenciados, e inclusive doctores, por mencionar solo algunas profesiones.

He clasificado las competencias gerenciales básicas en tres grupos, que son:

a. *Competencias conductuales*: conocimientos y habilidades que nos permiten interactuar con nosotros mismos y con nuestro entorno de manera efectiva. Son:
-el manejo efectivo del cambio
-la comunicación
-la toma de decisiones
-la imagen

Vivimos en un mundo donde las condiciones del mercado laboral cambian a una velocidad cada vez mayor. Mantente atento a las pequeñas cosas, los pequeños cambios, el manejo efectivo del cambio es clave para integrarnos de forma efectiva.

La manera en que nos comunicamos con nosotros mismos fortalece las creencias, y al comunicarnos con los demás proyectamos nuestra imagen.

Cada día es una nueva oportunidad para diseñar el resto de tu vida; cada decisión puede ser la más importante. Al tomar una decisión, automáticamente adquieres una responsabilidad. Se requiere actuar con valor para dar fortaleza a tu decisión y enfrentar los cambios. Seguro encontrarás obstáculos que requieran de valor para ser vencidos.

Sé auténtico, crea una imagen propia, pon tu sello en cada paso que das.

b. *Competencias funcionales de gestión*: conocimientos y habilidades que nos permiten hacer planteamientos de nuestras ideas aumentando la posibilidad de aceptación y gestionar el cambio de situaciones. Son:
-El liderazgo
-La negociación
-El trabajo en equipo
-La tecnología de la administración

La característica más importante del liderazgo es obtener resultados, ahora y en el futuro. El liderazgo se ejerce situacionalmente, orientado a resultados y relaciones.

La primera persona que debes liderar es a ti mismo.

En la vida como en los negocios, uno no obtiene lo que merece sino lo que negocia. En la negociación, se aprende, se arriesga y se gana, aunque parezca que en ocasiones pierdes.

Lo primero es liderarte a ti mismo, después de eso liderar al equipo es una consecuencia.

Las cosas se hacen de manera muy particular en cada lugar. La sensibilidad para la percepción de situación nos permite identificar cómo la tecnología afecta el estilo gerencial, es decir que así se hacen las cosas aquí,

 c. *Competencias funcionales técnico- específicas*: conocimientos y habilidades propias de nuestra profesión o del trabajo que se desarrolla dentro de una organización. Son:

 -La planeación estratégica

 -La administración de procesos

Si sabes a dónde vas, podrás planear… prepárate para el viaje y para elegir el camino correcto, cuáles son los indicadores de desempeño que estarás monitoreando para saber que vas en el camino correcto y a la velocidad adecuada y para saber que cuentas con los recursos suficientes.

Todo proceso tiene cuatro elementos generales que se deben administrar: entrada, proceso y salida. El cuarto elemento es la restricción o las restricciones, según sea el caso. La restricción determina el desempeño total de un sistema.

Las competencias gerenciales básicas son elementos necesarios para dar velocidad al proceso de integración al mercado laboral.

Con la información aquí compartida podrás preparar tu propia estrategia de integración al mercado laboral.

Tomando como base el Modelo de Integración al Mercado Laboral3-D:

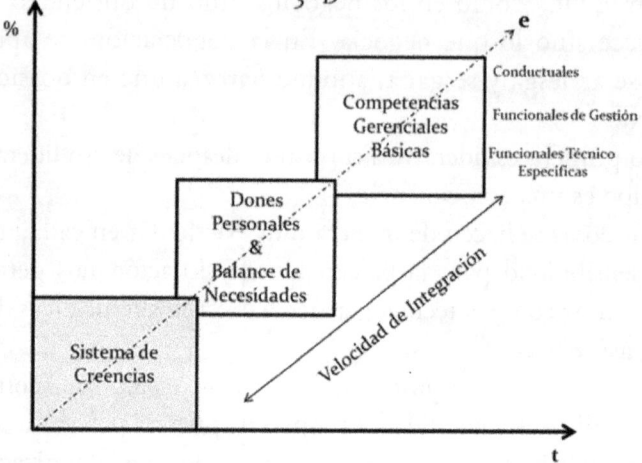

Modelo de Integración al Mercado Laboral
3 - D

Primera etapa de integración.
Cómo generar oportunidades
de trabajo y prepararte
en forma efectiva
para una entrevista

Vivimos una dinámica social – laboral cambiante, que nos exige resultados a corto plazo. En ocasiones, por enfocarnos solo en los resultados, olvidamos que esos resultados son consecuencia de un proceso, y que cada paso de ese proceso es un éxito que debemos celebrar.

La estrategia de integración a corto plazo te ofrece herramientas poderosas para tu proceso inmediato de contratación. Cuando domines esta primera parte, te vas a sentir poderoso y que eres la persona ideal para el puesto.

Te sugiero que para lograr una integración efectiva posterior a tu contratación, viajes por todas las páginas de este libro, los conceptos te fortalecerán para tu crecimiento continuo.

1. Decide con qué empresa o empresas te gustaría trabajar

Sé que estas líneas causaron una pregunta: ¿Qué?". Un silencio, una sorpresa o quizá toda una pregunta: "¿Cómo es que yo voy a decidir dónde trabajar?".

Esto sucede porque estamos retando nuestro sistema de creencias. Por lo general creemos que las empresas buscan talento y no que los talentos buscan empresas.

Escoge la empresa o las empresas en las que te gustaría trabajar. Investiga o averigua:

- Qué productos hacen
- Qué presencia mundial tienen
- Qué tecnologías utilizan en sus procesos
- Cuál es la estructura de la organización
- Qué sistemas de administración implementan en la organización, la calidad y los procesos
- Cuántos empleados hay
- Quién es la competencia
- De acuerdo con tu profesión, en qué departamento te gustaría trabajar

Aparte, haz networking, las redes de contactos y de interacción facilitan procesos de búsqueda: investiga si algún amigo o conocido trabaja en esa compañía, o dónde puedes encontrar alguna persona que trabaje ahí.

Escoge como mínimo cinco compañías.

2. Prepara tu currículo

Un currículo deberá describir nuestra experiencia, cubriendo en forma general dos aspectos: resultados y competencias.

Los primeros son consecuencia de las segundas, y a esto lo conocemos como experiencia.

Recién nos graduamos y pensamos que no tenemos experiencia suficiente para integrarnos al mercado laboral. La realidad es que has desarrollado experiencia a lo largo de tu carrera... en la realización de proyectos, trabajando en equipo, haciendo presentaciones frente a grupo, negociando una calificación, o un permiso en casa, conquistando una persona, desarrollando amistades, comunicando lo que quieres, tomando decisiones, y esto te ha llevado a obtener resultados.

Resultados

El currículo deberá reflejar tus logros, de ser posible debe estar expresado en forma tangible... Ahorro, ventas, tiempo, productividad, calificación, premio, etcétera.

Competencias

Las competencias se definen como conocimientos y habilidades necesarias para realizar una actividad.

El currículo deberá contemplar la aplicación de los tres grupos de competencias gerenciales básicas:

-*Competencias Conductuales*
-*Competencias funcionales de gestión*

-Competencias funcionales técnico específicas

Consejos para la estructura del currículo

Qué incluir y qué no incluir:

-Presentación y objetivo personal profesional, concreto en no más de cinco líneas.

-Información personal: nombre, edad, estado civil, información de contacto.

-Idiomas que dominas.

-Educación: iniciar con el grado más alto de estudio. Se recomienda incluir nivel técnico, solo si se considera relevante para la posición a la que se postula. *No incluir* secundaria, primaria, etcétera.

-Experiencia: comunicarla cronológicamente, de lo más reciente a lo más antiguo. A los recién egresados se les sugiere que consideren proyectos, premios, reconocimientos sobresalientes, prácticas o estadías. A los profesionales, servicio social se recomienda no ir más allá de los últimos cinco años y siempre con el enfoque de competencias utilizadas y resultados obtenidos.

-Competencias gerenciales / funcionales técnico-específicas, de las aquí compartidas: resaltar aquellas adecuadas para el puesto al que se postula.

-Otros cursos: listar cursos adicionales o educación no formal que respalden la formación profesional.

-Referencias personales. Cuando se listen referencias personales, poner al tanto a las personas de referencia.

3. Preparación para la entrevista

Hay aspectos claves en la preparación para una entrevista. Cuando tengas la invitación para una entrevista, deberás preguntar:

- El puesto o el cargo para el que vas a ser entrevistado.
- Quién te va a entrevistar, nombre y cargo.
- Si la fecha y la hora propuestas para la entrevista no son adecuadas, explora la posibilidad de pedir un cambio. Si percibes alguna resistencia, puedes ceder y mantener la propuesta del empleador. Desde el primer contacto empieza la negociación.

Repasa tu currículo, recuerda que el empleador solo conoce de ti lo que tú le has permitido, por medio del currículo.

Prepara una descripción de ti mismo adecuada al cargo o puesto para el que estás siendo entrevistado. Te recomiendo que esta descripción no sea menor a treinta segundos y no mayor a un minuto y medio, es decir noventa segundos.

Dentro de la descripción, resalta al menos cinco fortalezas o competencias y un número igual de resultados.

La descripción de ti mismo y las cinco fortalezas o competencias que identifiques serán tus armas más poderosas durante la entrevista, pero sobre todo debes estar convencido de la descripción que has hecho de ti mismo. Sé original, siéntelo.

Encuentra algo que realmente te apasione de tu profesión durante tu carrera, para que puedas transmitir y contagiar ese sentimiento positivo al entrevistador.

Ante cualquier pregunta, encuentra una alineación congruente de tu respuesta con la descripción que hiciste de ti mismo, que enlace con las competencias y los resultados que has mencionado.

Algunas preguntas podrían ser:

-¿Cómo te describes?

-¿Puedes platicarme de ti?

-¿Por qué escogiste esta carrera?

-¿Qué experiencia tienes?

-¿Por qué crees que deberíamos contratarte a ti?

-¿Qué puedes aportar a la organización?

Dos preguntas que no faltan:

-¿Cuáles son tus fortalezas?

-¿Cuáles son tus debilidades?

Contesta estas preguntas.

Posteriormente, al finalizar el libro, o al menos la primer etapa, regresa a estas preguntas y contéstalas nuevamente y compara tus respuestas, identifica diferencias.

Construyendo confianza

Otro aspecto para compartir en preparación para una entrevista. Recuerdo que en más de una ocasión escuché "Solo confía en ti mismo, y todo va a estar bien". Sí, ¿y cómo hago para sentir esa confianza?

La confianza es producto de nuestro sistema de creencias, el sistema de creencias nace y se fortalece con las experiencias o los resultados. Pero también lo opuesto es cierto, es decir las experiencias y los resultados son producto de nuestras creencias. Esto quiere decir que tenemos la posibilidad de elegir nuestras creencias.

Demos los siguientes pasos, lee las siguientes preguntas, escucha tu diálogo interno, percibe tu estado de ánimo, escribe tu respuesta, lee nuevamente la pregunta y las respuestas y percibe la congruencia con tus sensaciones.

- ¿Crees que eres un buen profesionista?
- ¿Qué te hace pensar que eres un buen profesionista?
- ¿Crees que puedes obtener el trabajo para el cual estás aplicando?
- ¿Cuáles son tus fortalezas?
- ¿Cuáles son las materias que más te gustaron durante tu carrera?
- ¿Cuáles han sido tus mayores logros?
- ¿Cuál es tu visión del futuro?
- ¿Confías en ti?

Ejercicio para el desarrollo de confianza

Una de mis pasiones es el estudio del comportamiento humano. Hace algunos años tuve la gran fortuna de atender un seminario de Programación Neurolingüística (PNL), me gustó tanto que tomé la decisión de obtener un certificado internacional como coach internacional en educación y desarrollo personal con PNL. Después de un tiempo, sentí que algo más hacía falta para complementar esta preparación, para entender aún más el comportamiento humano. Entonces seguí a uno de los creadores de PNL, Richard Bandler, con quien posteriormente obtuve un certificado internacional en Design of Human Engineering (DHE) o Diseño de Ingeniería Humana. Tal vez, por mi formación como ingeniero, el título me cautivó, pero más aún me atrajo el contenido.

En esencia aprendí que cada uno de nosotros tiene el control, tienes el poder para diseñar tu propio destino, para dar forma a tus sueños y vivir la vida que has imaginado.

Entre otras cosas, aprendí que las creencias son como profecías que se autorrealizan, y que *si crees lo que siempre has creído, harás lo que siempre has hecho y obtendrás lo que siempre has obtenido.*

Aprendí que una respiración profunda envía mensajes de tranquilidad al cerebro y oxigena todas y cada una de nuestras células. Aprendí que construimos nuestra propia realidad y que nuestro inconsciente no distingue entre realidad e imaginación.

Siéntate cómodamente. Respira profundamente, inhala. Sostén la respiración por tres o cuatro segundos y exhala. Muy bien.

Adopta una posición cómoda, de confianza y de poder, sentado, un poco echado al frente, con tu pecho ligeramente hacia afuera, complementa la posición con una sonrisa. Muy bien.

Ahora visualiza o imagina, mientras mantienes la posición anterior, que estás en el proceso de entrevista y que el resultado de la entrevista es favorable.

Respira profundo, repite el ejercicio nuevamente, pero ahora con los ojos cerrados.

La repetición de este ejercicio podrá contribuir a que generes confianza en ti mismo a nivel inconsciente.

Comunicación

La comunicación es clave durante el proceso de entrevista, y para lograr abrir los canales de comunicación del entrevistador, te comparto tres aspectos claves a fin de crear un *rapport* instantáneo.

El primero es un saludo universal al cual llamo *flash*. Este saludo ya lo haces y lo percibes a nivel inconsciente, se interpreta como:

-"soy parte de tu equipo",

-"soy amigo",

-"quiero ser tu amigo o ser parte de tu equipo",

-"me da gusto verte".

Como dije antes, este saludo lo hacemos de manera inconsciente. En este proceso de entrevista lo harás de forma deliberada, sutil pero deliberadamente, y consiste en levantar levemente las cejas por una décima de segundo, incluso antes de estrechar la mano del entrevistador.

Enseguida acompaña el *flash* con una sonrisa interior, una intención genuina de "me gustaría ser parte del equipo". Contacto visual y un saludo firme.

La tercera parte del *rapport* instantáneo consiste en espejear a la persona, su tono de voz, su postura, su velocidad de palabra, su canal de comunicación, su parpadeo y de ser posible su respiración. Todo esto hacerlo de manera muy sutil, de tal forma que el entrevistador no perciba que estás espejeando sus movimientos.

Lo anterior va a ser captado a nivel inconsciente por el entrevistador, al grado que puedes lograr un primer impacto positivo y dejar una buena impresión.

La comunicación efectiva se da por medio de la escucha activa. Escucha con todos tus sentidos.

Recuerda que la base de la comunicación durante la entrevista es tu descripción y tus fortalezas, tus resultados y tus competencias.

Imagen

La imagen juega un papel importante durante la entrevista. La imagen se forma por todos los elementos antes mencionados. El vernos bien es fundamental.

Es necesario vestir de forma apropiada…. Algunos consejos:

Caballeros

- Pantalón de vestir
- Camisa de vestir
- Saco sport
- Zapatos limpios
- Manos, uñas cortas
- Reloj y anillo pueden ser usados
- Pelo corto y rasurado

Damas

- Pantalón o falda corte ejecutivo
- Blusa de vestir

- Saco preferentemente
- Manos, uñas cuidadas, evitar brillos y piedras
- Reloj y anillo pueden ser usados, no pulseras
- Bien peinada

Una de las cosas más importantes con respecto a la imagen es cómo te sientes tú. Párate frente al espejo y repítete a ti mismo lo bien, lo profesional que te ves.

La imagen no es solo la manera en que nos vestimos, sino también cómo nos comportamos, la manera en que manejamos la entrevista. Es muy importante que te centres en la descripción que has hecho de ti y en las fortalezas que has identificado.

Preguntas al entrevistador

Prepara una serie de preguntas para el entrevistador; por lo general, los candidatos que hacen preguntas son bien vistos por los entrevistadores. Algunas sugerencias:

¿Me puede dar una descripción más detallada del rol y de las responsabilidades del puesto?

¿Qué productos se fabrican?

¿Qué ventas anuales tiene la compañía?

¿Cuál es en promedio el margen de utilidad de los productos que se fabrican?

¿Cómo se ve el futuro de la compañía?

Todo esto le dará la impresión al empleador de que tienes un interés en la empresa, en la posición, y que potencialmente eres la persona ideal para el puesto.

Negociando tu contratación

El Dr. Karras dice "En la vida, como en los negocios, uno no obtiene lo que merece, sino lo que negocia".

En la negociación, por lo general a la persona que tiene mayor nivel de aspiración le va mejor.

En este proceso de negociación en particular, el poder está repartido, ya que al final no puedes obligar al empleador a que te dé una oferta de trabajo, y por otra parte él no puede obligarte a que aceptes la oferta que se te presente.

Yo incluso pienso que el poder está un poco más cargado hacia el candidato o entrevistado que está bien preparado, porque al final es quien toma la decisión de aceptar o no una oferta de trabajo.

Si bien es cierto que el empleador no está obligado a hacerte una oferta laboral, está buscando al mejor candidato, y una buena empresa estará dispuesta a pagar mejor por el mejor candidato.

Para hacer válido este poder en la negociación, deberás prepararte muy bien.

El proceso de entrevista es un albur, en que el empleador apuesta a que puedas integrarte a su equipo de trabajo de manera rápida y efectiva, para que aportes a los resultados; y por tu parte, seguro que tú esperas que realmente sea una empresa en la que puedas emplear tu talento, te depare ingresos adecuados a la responsabilidad del puesto y te proponga una oportunidad de crecimiento profesional.

El empleador tiene una necesidad dentro de su organización, la cual pretende cubrir con tu talento, y siempre estará dispuesto a pagar más por el mejor candidato.

En la negociación se arriesga, se aprende, y se gana.

El tipo de negociación más conveniente es ganar ganar. Hay quien confunde esto con algo así como "ni tú ni yo".

Ganar ganar significa "¿qué más podemos traer a la negociación, que la haga más valiosa?".

¿Cuánto quieres ganar?

¿Qué te hace pensar que eso es lo que vale tu trabajo?

Investiga el rango salarial que se tiene en el mercado para una posición como la que quieres conseguir. Siempre hay que estar preparado para estas preguntas.

Es conveniente buscar la manera de que la cifra salga primero del empleador.

En caso de que seas tú el primero que hable del sueldo, sal con una petición de un treinta a un cincuenta por ciento por arriba del tope del mercado, date margen para negociar. Y prepara una buena justificación, céntrate en tus fortalezas.

Se puede pensar, inclusive uno mismo puede llegar a pensar, que el hecho de que seas recién egresado te pone en desventaja para la negociación, porque no tienes experiencia. Esta creencia en ocasiones limita nuestras expectativas y nos inclina a aceptar una oferta baja, o a veces sucede que nosotros mismos salimos con una petición baja.

Recuerda que en la negociación, por lo general, le va mejor al que tiene más altas expectativas.

Hay que tener en cuenta que al salir con altas expectativas, cabe la posibilidad de recibir una contraoferta baja. Esto puede bajar nuestra confianza en la negociación, por eso hay que tener bien fundamentada la petición.

En la negociación, por lo general, se aprecia más lo que cuesta más trabajo conseguir.

Imagina que presentas tu petición salarial. Y el empleador sin más ni más acepta. ¿Qué pensarías? ¿Qué sensación tendrías?

Lo mismo sucede en el caso contrario, si aceptas la primera oferta sin cuestionar ni negociar.

Ante la pregunta de "¿Cuánto quieres ganar?", puedes mencionar que te gustaría tener más detalles de los roles y de las responsabilidades del puesto. Después de escuchar la respuesta, pregunta cuál es el rango salarial que tiene la empresa para esta posición con esa responsabilidad, con suerte te lo proporciona. La siguiente pregunta es qué se toma en cuenta para establecer ese rango salarial.

La mayoría de las empresas establecen el rango sin poner peso en las competencias necesarias para desempeñar ese puesto. Alinea tus fortalezas con los roles y las responsabilidades de la vacante, para hacerte ver como el candidato ideal.

En ocasiones, por situaciones personales habrá que aceptar una oferta menor a la esperada. Si esta es una empresa que previamente has seleccionado y en la que realmente estás interesado, asegúrate de que al menos como parte de la negociación logres que en un período corto se haga una evaluación de desempeño; en esa evaluación podrás negociar una mejor posición salarial.

Resumen de tu negociación

- Investiga el rango salarial del mercado.
- Hasta donde sea posible, evita ser el primero en presentar la petición salarial.
- Establece tu petición inicial de un treinta a un cincuenta por ciento por arriba del mercado, esto te va a dar margen para ceder en la negociación.
- Prepara tu justificación, apóyate en la descripción de ti mismo y de tus fortalezas.
- Antes de ceder, recalca tus fortalezas, enfócate en resultados y en competencias.
- Prepararte para la entrevista y la negociación te dará más confianza para este proceso.
- Recuerda que el empleador está dispuesto a pagar más por el mejor candidato.
- Visualiza tu negociación. Suerte.

La estrategia de integración al mercado laboral en el corto, mediano y largo plazo está basada en el Modelo de Integración al Mercado Laboral 3-D.

Modelo de Integración al Mercado Laboral
3 - D

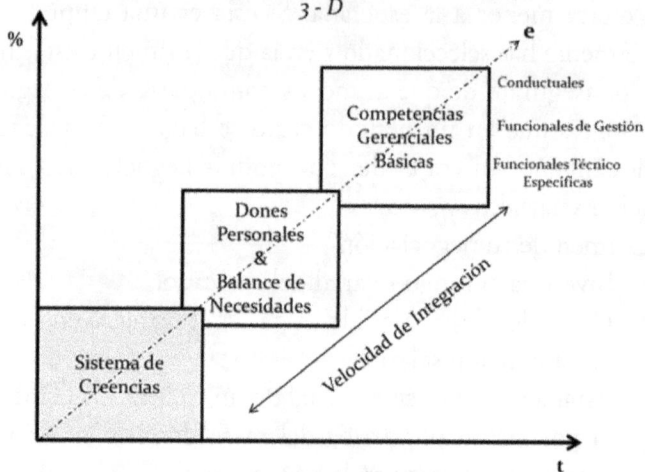

Segunda etapa de integración

Esta segunda etapa empieza cuando ya estás dentro de la organización.

Esta parte del libro es una guía para que logres integrarte a tu nuevo rol como profesionista, te servirá para desarrollar un plan de trabajo personal, específico, para que tu integración sea efectiva.

Es posible que con la información presentada puedas quizá desarrollar tu plan de vida y tu carrera profesional.

Velocidad de integración, velocidad de crecimiento.

Nadie hará por ti lo que tengas que hacer por ti mismo.

Sistema de creencias

El primer plano del Modelo de Integración al Mercado Laboral 3-D está formado por nuestro sistema de creencias, que son la base de nuestro comportamiento.

Si crees lo que siempre has creído, harás lo que siempre has hecho y obtendrás lo que siempre has obtenido.

Y si crees que algún proyecto te va a tomar mucho tiempo, cuanto más rápido lo inicies, mejor, y al final, si algo es valioso para ti, deberás intentar todas las veces que sea necesario hasta lograrlo.

La huerta de naranjas

Recuerdo que era un fin de semana como cualquier otro, con la alegría de convivir con mis hermanos y mis padres, preparamos todo lo necesario para acampar a la orilla del río como lo hacíamos con cierta frecuencia.

Ese día mis padres nos tenían un regalo especial. Cuando nos aproximamos al área donde regularmente acampábamos, encontramos a don Lupe, un ejidatario del área amigo de la familia. Mi padre le pidió que se subiera a la camioneta y le indicara el camino. Después de manejar unos treinta o cuarenta minutos, llegamos hasta donde había un portón hecho de alambre de púas. Don Lupe saltó de la camioneta, abrió el portón, y seguimos por una vereda casi desvanecida por el poco uso y la hierba crecida. Llegamos hasta donde se conocía como el casco del rancho. Ahí, erguidos majestuosamente, había tres nogales enormes, sobresalían en medio de aquel rancho. Al pie de uno de los nogales había un techo de palma, lo que pareciera hubiese sido una casa del lugar.

Una cerca de púas, que no estaba en muy buen estado, limitaba la propiedad. Al fondo con orientación hacia el Norte, se veía una loma que no era tan alta; al Sur, a unos ciento cincuenta metros del límite de la propiedad, estaba el río.

Entonces mis padres dijeron "Esto es nuestro... de ustedes... Lo acabamos de comprar". Nos pidieron que nos sentáramos, y fue en este momento que se reforzó toda una cadena de aprendizajes que hasta el día de hoy me han acompañado y han hecho posible que logre lo que he logrado.

CREENCIAS LIMITADORAS

Esa tarde, mientras la noche empezaba a caer, nos acomodamos para dormir. A diferencia de otras veces que habíamos acampado, ahora estábamos en nuestro propio rancho.

Mi padre empezó a contarnos que cuando era niño y le tocaba cuidar el ganado, le gustaba llevarlo lo más lejos posible; se sentaba y miraba hacia el horizonte, a lo lejos se veían una montañas no tan altas, por otro lado una llanura que se juntaba con el cielo. Con una sonrisa en sus labios, nos compartió que *él creía firmemente que hasta ahí llegaba el mundo*, la tierra; las primeras veces nunca se preguntó qué había más allá.

Un día, de pronto, algo le llamo la atención y fue para él mismo un gran descubrimiento, se dio cuenta de que nadie le había dicho que ese era el límite de la tierra. *Ese límite había venido de su mente*, de esa voz interior que se conoce como diálogo interno, él mismo había instalado una creencia y por un tiempo *la justificó por lo que él veía...* Ese día regresó presuroso a su casa y fue directo a ver a mi abuelo y le pregunto hasta dónde llegaba la tierra. Mi abuelo trataba de entender y satisfacer la inquietud de conocimiento de mi padre.

Creer que lo que ves o lo que conoces es todo lo que existe es un gran error, y más aún si crees que con lo que tienes no eres capaz de lograr lo que quieres.

Hay quien cree que ya todo está hecho, que no hay nada más que inventar, y quien lo cree seguro no intentará hacer nada nuevo, y eso se parece mucho al límite de la tierra.

Las creencias son como profecías que se autorrealizan, buscamos justificación para nuestras creencias.

Hay que estar dispuesto a aventurarse a retar los límites, vencer el miedo, transformar o eliminar aquello que nos mantiene en el mismo lugar, habrá que tomar caminos nuevos.

Un poco antes de caer dormido, escuché que mi padre dijo que la virtud más grande que un ser humano podía atesorar era ser valiente.

Guía para identificación
de creencias limitadoras

Recuerda algún aprendizaje que te haya costado bastante trabajo o esfuerzo dominar, algo que en su momento *creíste* que no podías lograr.

Por ejemplo, andar en bicicleta, o alguna competencia profesional.

Lo anterior será uno de los apoyos principales para manejar el diálogo interno.

Diálogo interno

Reafirmando, el diálogo interno es nuestra voz interior, está ahí en todo momento.

Somos por naturaleza una máquina de sacar conclusiones, y en ocasiones somos demasiado estrictos con nosotros mismos.

Cuando tenía 11 años, me empezaron a gustar las muchachas, había una en particular, no la recuerdo muy bien, se llamaba María Isela Garza Montelongo.

En realidad no me acuerdo muy bien, tenía unos ojos azules preciosos, unos caireles rubios, en realidad no la recuerdo, pero tenía un lunar arriba de la rodilla izquierda.

Bien, le pedí que fuera mi novia, y me rechazo 25 veces, todas ellas en mi cabeza.

Pensaba "Le voy a pedir que sea mi novia", y aparecía esa voz interior que me decía "Te va a decir que no, estás flaco y feo", y bueno, pues ya no le decía nada. Así fueron las 25 veces.

Cuando tenemos un sueño, una ilusión, un proyecto, en ocasiones aparece ese dialogo interno frenando nuestras intenciones. "No estás preparado, no tienes experiencia, te falta conocimiento, te lo van a negar, etcétera".

Cada vez que escuches un diálogo interno negativo, es muy probable que esté relacionado con una creencia limitadora.

Por eso es necesario ser consciente de la existencia de ese diálogo interno y de cómo podemos hacerlo nuestro aliado, deberás hacer pausa e identificar la creencia limitadora asociada con ese diálogo interno negativo.

¿Crees que estás bien preparado para integrarte al mercado laboral?

¿Qué te hace creer tu respuesta?

¿Crees que cuentas con las competencias necesarias para integrarte al mercado laboral efectivamente?

¿Qué te hace creer tu respuesta?

¿Crees que es fácil o difícil encontrar trabajo?

¿Qué te hace creer tu respuesta?

¿Crees que puedes exigir un salario o aceptar lo que te ofrezcan?

¿Qué te hace creer tu respuesta?

Cómo aliarte con tu diálogo interno

Cada vez que aparezca el diálogo interno con una connotación negativa, Puedes decirte a ti mismo:

"Puede ser que esto que me propongo sea difícil de alcanzar, pero así como fue difícil aprender a andar en bicicleta, sé que lograré esto que me he propuesto".

Te sorprenderá agradablemente cómo en la medida que vayas aliándote con tu diálogo interno, este se convertirá en un mecanismo propulsor de nuevas ideas.

Dones personales y balance
de necesidades

Todos llegamos a tiempo a la repartición de estos dones maravillosos, simples, poderosos.

El uso adecuado de estos dones personales abre la gran posibilidad de crear una sinergia natural con el balance de necesidades, y esto nos garantiza que estemos en el camino correcto para obtener aquello que nos propongamos en la vida.

Dones personales

Autoconocimiento
Conciencia
Visualización creativa
Voluntad independiente
Balance de necesidades
Físicas
Espirituales
Mentales
Sociales

Autoconocimiento

Es la capacidad que tenemos de conocernos a nosotros mismos.

La mañana siguiente mi padre dibujó un círculo en la tierra y nos compartió lo que llamaba una de tantas teorías del conocimiento y dijo:

Imagínense que este círculo representa todo el conocimiento que hay en el mundo.

Se dice que solo el 5% de este círculo representa lo que sabemos que sabemos:

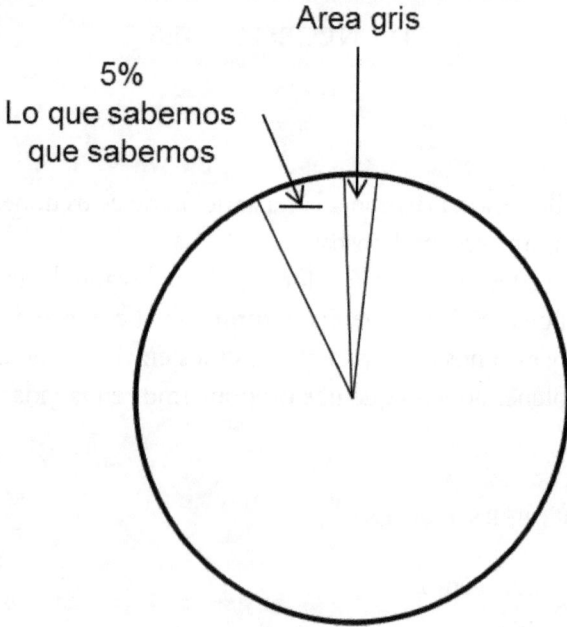

Uno de los grandes y simples dones que poseemos es el autoconocimiento.

Anexo a ese 5%, está un área gris, luego regresamos a explicar qué representa.

Hay otro 5% que representa lo que sabemos que no sabemos:

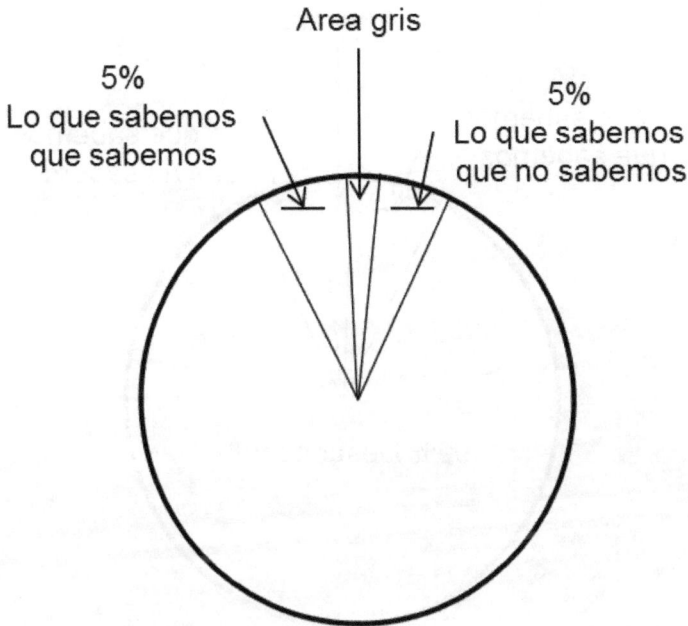

Entonces nos lanzó la primera pregunta: Si un 5% representa lo que sabemos que sabemos, y otro 5% lo que sabemos que no sabemos, ¿qué será el resto del círculo?

Le conteste de inmediato que sería lo que no sabemos que no sabemos.

Se sorprendió y me preguntó cómo llamábamos a eso. No entendí bien, y él nos dijo que el 90% representaba lo desconocido:

Area gris

5%
Lo que sabemos
que sabemos

5%
Lo que sabemos
que no sabemos

90% Desconocido

Hay mucho conocimiento en el mundo que ni siquiera tenemos idea de que existe, cosas simples y complejas.

Lo maravilloso es que cuando nos topamos con ellas, las pasamos inmediatamente al segmento de lo que sabemos que no sabemos.

Este es uno de los grandes beneficios del autoconocimiento. Si el nuevo conocimiento es importante para lo que vas hacer, habrá que pasarlo al otro segmento, aprender... y fortalecer la competencia relacionada.

El área gris representa lo que pretendemos que sabemos, actuamos como si supiéramos, y donde el poder de este don del autoconocimiento se pierde...

La realidad es que con frecuencia usamos este maravilloso don de manera inadecuada, cuando más lo necesitamos.

¿Cómo fue que elegiste la profesión que estás estudiando o que estudiaste?

¿Cuál es tu campo de acción profesional específica?

¿Cuáles materias son las que más te han gustado de tu carrera? ¿Cuáles son aquellas que podrían significar una mayor ventaja comparativa y competitiva con otras profesiones? ¿Sabes cuáles son tus creencias limitadoras? ¿Sabes qué es la metanoia?

Conciencia

Uno de los grandes beneficios del autoconocimiento es el despertar de la conciencia y cómo opera en nosotros.

Es hacer las cosas que sabemos que están bien, sobre la base de nuestros principios, valores y sentimientos.

Estoy convencido de que hay una conexión con nuestro entorno, que en ocasiones pienso que debe ser parte de nuestra naturaleza humana, de nuestro ADN. H hacer las cosas correctas te hace sentir bien.

Cuando se hace algo malo, no importa que no hayamos vivido un código de conducta o principios, algo se desequilibra y te hace sentir mal.

Es el enlace con el autoconocimiento.

MI madre me decía que la conciencia es como el parabrisas de un carro: cuanto más limpio se mantenga, mayor visibilidad tendrás del camino, y menos preocupaciones.

En días lluviosos, saber que los limpiaparabrisas funcionan correctamente te mantendrá tranquilo.

El gran poder de la conciencia es hacer las cosas correctas cuando nadie te está viendo.

De este modo no gastarás energía al pensar en potenciales consecuencias, enfocarás toda tu energía en tu meta y en tus objetivos.

Visualización creativa

Es el poder de crear mentalmente lo que deseamos.

La metanoia es una palabra que para los griegos significaba "desplazamiento mental positivo". *Meta* quiere decir "más allá de"; *noia* viene de *nous*, "la mente".

Visualiza o imagina que tú y yo vamos de viaje, llegamos a la central de autobuses, nos acercamos al mostrador y decimos a la persona que nos atiende "Véndame un boleto". Lo primero que el vendedor te pregunta es a dónde. Tú repites "Véndame un boleto", y él te vuelve a preguntar a dónde. Tú dices que a donde sea. Y te vende un boleto. Quizá te venda el más caro, posiblemente sea el de un destino más lejos...

En la vida, si permites que alguien más escoja el destino por ti, seguramente lo pagarás muy caro y tal vez termines en un lugar que no te va a gustar.

Visualiza o imagina qué quieres lograr en la vida, identifica qué tienes que hacer o dejar de hacer, comprométete con ello, valida que ese deseo esté alineado con tus principios, tus valores y tu conciencia, y realiza acciones, confía en tu inconsciente.

Parado en medio de aquel rancho, junto a mis padres y mis hermanos, mi padre extendió un brazo, y su dedo índice señalaba a todas partes, al tiempo que nos decía "Pueden ver esas plantas de maíz, tan verdes, los elotes, el frijol, los árboles de naranja".

Mi madre sonreía, con esa sonrisa de complicidad. Nosotros, mis hermanos y yo, nos volteamos para mirar un poco intrigados a nuestro derredor, solo había matorrales, algún que otro huizache, una especie de árbol de la región. No entendíamos con claridad lo que mi padre nos estaba diciendo. Eso me parecía un poco extraño.

Por la tarde del siguiente día, llegó don Lupe con dos yuntas de bueyes, y empezamos a quebrar la tierra, acarrear toda la hierba hacia la orilla del terreno.

La siguiente semana, nos encontramos sembrando maíz y frijol, caminando atrás de la yunta de bueyes que iban abriendo surco en la tierra, y nosotros, mis hermanos y yo, aventábamos semillas al surco y lo cerrábamos con nuestros pies.

Unos meses después estábamos comiendo elotes de esas plantas que nosotros habíamos sembrado.

Hoy en día aquel rancho es una huerta de naranjos en plena producción.

Un tiempo después me he dado cuenta de que ese día no sembramos maíz ni frijol, y durante el tiempo que plantamos los naranjos realmente estábamos sembrando sueños, aprendimos a utilizar la visualización creativa, a crear mentalmente lo que queríamos y reconocer que no basta con soñar o imaginarnos lo que queremos: hay que comprometerse y saber lo que tenemos que hacer, autoconocimiento... para logar esos sueños... y accionar en consecuencia, voluntad independiente... Debemos preparar la tierra, cultivarla, darle forma a nuestra vida, nadie más lo hará por nosotros, soñar en grande y dar pasos firmes, pequeños pasos, pero firmes...

Cada vez que hablo de ese rancho, refiero que tiene una extensión de 4000 hectáreas. En realidad son 4.5, pero para mí son 4000... si no, cómo explico dónde caben tantos recuerdos.

Hace un tiempo estuve aquí, cuando los naranjos estaban en flor, el olor del azahar invitó de manera automática la llegada de todos esos recuerdos.

Sueña en grande, visualiza lo que quieres, identifica lo que tienes que hacer y qué tienes que dejar de hacer para lograr ese sueño, y actúa en consecuencia.

Nos despertó el canto de los pájaros, el amanecer.

Voluntad independiente

Es la capacidad que tenemos de decidir cómo actuar ante cualquier circunstancia que se presente en la vida.

Quizá estés trabajando en un lugar que no te guste del todo, tal vez ganando menos de lo que te gustaría ganar, haciendo algo que no te agrada tanto. Recuerda que el tiempo que inviertes en algo es tu tiempo y es algo tan valioso que debes obtener lo máximo de ello.

Alguna vez leí lo siguiente: "Trabaja muy duro, esfuérzate al máximo, como si todo dependiera de ti, y ten fe, como si todo dependiera de Dios".

Visualiza a dónde quieres llegar, elabora tu plan de viaje. Lo que estés haciendo hoy: piensa cómo aporta a ese objetivo. No permitas que el medio ambiente te distraiga y te desvíe de tu camino; si eso sucede, no pasa nada, regresa a tu plan de viaje y continúa con el rumbo, esto lo harás una y otra vez hasta llegar, hasta alcanzar tu objetivo.

Te recuerdo que el éxito no es un lugar al que hay que llegar. El éxito son todos esos momentos llenos de felicidad, y cuanto más tengas, mejor.

Esto es lo maravilloso de este don: la capacidad individual que tienes de moverte hacia adelante, de saber que las cosas que deseas, los sueños que has visualizado, se harán posibles si das ese primer paso y si te mantienes firme en la ruta que traces.

Resumen de dones personales

Los dones personales tienen un orden sugerido, no una jerarquía; son complementarios.

Visualización creativa: Visualiza, imagina ese lugar, ese objetivo personal o profesional que quieres alcanzar. Marca el rumbo, traza tu plan de vuelo y escoge tu destino. Visualiza o imagina eso que quieres, sueña en grande, siempre. *Alguna vez escuché que si tus sueños no te dan miedo, es que no son suficientemente grandes.*

Conciencia: Dale fuerza a tu sueño, haz crecer ese deseo interior, teniendo la certeza de que lo que quieres, lo que deseas, es correcto, está alineado con tus principios, con tus valores.

Autoconocimiento: Identifica lo que tienes que hacer y lo que tienes que dejar de hacer para lograr eso que has visualizado.

Voluntad independiente: Muévete en dirección a tu sueño, rompe la inercia, sé persistente y da pasos firmes, nadie más lo hará por ti.

BALANCE DE NECESIDADES

Al hablar de dones personales, de forma inherente hablamos de balance de necesidades físicas, espirituales, mentales y sociales.

Hago una analogía entre las necesidades personales y las llantas de un automóvil: si las mantienes calibradas y en buen estado, tu viaje será más placentero.

Necesidades físicas

En términos generales, una de las necesidades físicas se refiere a mantener un óptimo estado de salud. Si físicamente estás en buen estado, podrás dedicar tu mayor y mejor esfuerzo al logro de objetivos.

¿Qué tan bien duermes? ¿Sigues un buen plan de alimentación? ¿Comes a tus horas? ¿Haces ejercicio? ¿Visitas al médico de manera preventiva?

Las necesidades físicas se refieren también a tu ingreso: ¿ganas lo suficiente?

Las respuestas a las preguntas sobre estas necesidades disparan en forma automática el uso de dones personales.

Si estas necesidades están cubiertas, ¡felicidades!

Necesidades espirituales

Se refieren en forma general a la necesidad de trascender, de dejar un legado.

Tu plan de vida y carrera profesional: ¿estás en el camino correcto hacia el objetivo o los objetivos que te has planteado?

¿Estás logrando hacer cambios? ¿Tus ideas son aceptadas?

¿Estás dejando huella por donde pasas?

¿Cómo quieres ser recordado?

Hace un tiempo mientras acompañaba a un amigo a su última morada, no pude evitar recordar pláticas que sostuvimos acerca de los sueños que teníamos...En medio de ese cementerio, me pregunté cuántos sueños había ahí... adentro y afuera... Date la oportunidad de trascender.

Es inevitable tener presentes los dones personales cuando se habla de trascendencia, de su aplicación para satisfacer esta necesidad...

Necesidades mentales

Tenemos la necesidad de mantenernos vigentes, mediante el aprendizaje continuo, estar preparados y atentos a las oportunidades.

Las organizaciones y los individuos que aprenden permanentemente tienen mayor posibilidad de permanecer vigentes en un mercado laboral cada vez más competitivo.

Ser conscientes de lo que sabemos y de lo que no sabemos y redescubrir a cada momento nuevas formas de ver y de hacer las cosas.

Alguien comentó que lo más difícil de ser creativo es que tienes que pensar en cosas que no están en tu mente, o están, pero hay que darles un orden distinto.

¿Cuál es el conocimiento necesario para mantener un balance de necesidades?

¿Cómo puedo ser más efectivo?

¿Qué requiero saber en este momento?

¿Qué requiero saber para lograr mis objetivos y trascender?

Necesidades sociales

Por lo general como seres humanos requerimos ser reconocidos socialmente por amigos, familiares, comunidades, empresas, etcétera.

Hay rituales específicos que la sociedad ha desarrollado: graduaciones, despedidas, bodas, premiaciones, incluso los organigramas o puestos dentro de una organización.

Estos son algunos de los ejemplos de cómo satisfacemos nuestras necesidades sociales.

Además del uso de dones personales, se entreteje la aplicación de competencias gerenciales básicas, que haciéndolo de forma efectiva el reconocimiento social es manifiesto.

COMPETENCIAS GERENCIALES BÁSICAS

Modelo de Integración al Mercado Laboral
3 - D

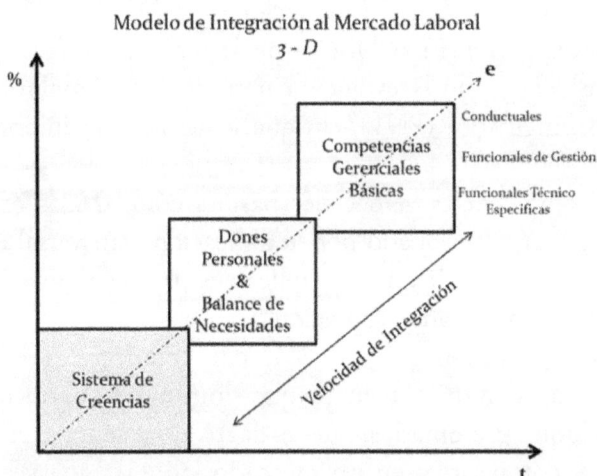

Las competencias gerenciales básicas se pueden definir como conocimientos y habilidades adquiridas, que al ser utilizados de manera adecuada hacen posible el éxito profesional y el logro de objetivos.

Hace más de diez años surgió por primera vez la idea de este proyecto, no era una idea clara...

El concepto se fue fortaleciendo a medida que me encontraba en el camino experiencias profesionales, conocimientos, desarrollo de competencias gerenciales, diplomados, certificaciones internacionales en desarrollo humano, maestría, éxitos, fracasos. Lo interesante de todo esto es que sabía lo que quería y que de alguna manera consistentemente sumaba todas las experiencias a este proyecto. No tenía claro cómo lo iba a lograr, pero sabía que cada pieza era importante.

Entre todo lo aprendido, el conocimiento sobre el comportamiento humano me atrapó de tal forma que me considero un eterno estudioso del comportamiento humano.

Un certificado en Efectividad Gerencial, lo cual he considerado el equivalente a otra carrera profesional, en combinación con un certificado internacional en Design of Human Engineering (DHE) o Diseño de Ingeniería Humana, que se considera como la evolución natural de la Programación Neuro Lingüística (PNL), enriqueció de manera importante este trabajo.

Las competencias gerenciales básicas compartidas en este libro se han seleccionado por su aplicación transversal en las profesiones, es decir que son aplicables para cualquier profesión, con su adecuada adaptación.

Si bien es cierto que hay más competencias de las que aquí se presentan, considero que dominar la parte básica de las aquí presentadas puede darte una ventaja comparativa y competitiva en un mercado laboral cada vez más competitivo.

Vamos a ver la forma de desarrollar las competencias gerenciales básicas y su aplicación práctica, con el objetivo de que puedas diseñar tu plan de vida y tu carrera profesional. Cabe mencionar que estas no son competencias aisladas sino más bien sinérgicas.

Diagrama sinérgico de competencias

Competencias funcionales técnico-específicas

Son los conocimientos y las habilidades necesarias para el desarrollo de tu puesto dentro de una organización.

Nos centraremos en dos competencias: la planeación estratégica y la administración de procesos.

No abarcamos todas las fases de la planeación estratégica, pero te presentamos de manera objetiva lo esencial de ella, que es la administración y la generación de utilidades.

Estas competencias gerenciales son hasta cierto punto medulares en la formación gerencial, alrededor de estas se desarrollan el resto de las competencias gerenciales presentadas.

Negocios con sentido común

La razón de ser de cualquier negocio es generar utilidades, esa es la meta.

Eli Goldratt complementaba lo anterior diciendo que la meta de cualquier negocio es generar utilidades por medio de las ventas ahora y en el futuro.

Lo que hace que un negocio sea sustentable son las utilidades.

Para que lo anterior sea una realidad, deben considerarse en todo momento las condiciones necesarias. Algunas de ellas son: la seguridad, la calidad, la productividad, el personal capacitado, los sueldos competitivos, el buen ambiente laboral y el costo de operación, entre otras.

Estas son, como mencioné anteriormente, condiciones necesarias. Las competencias gerenciales básicas vienen a ser parte de las condiciones necesarias. Cuanto más preparado estés, mayor contribución tendrás en los resultados del negocio y mejor integración.

PLANEACIÓN ESTRATÉGICA

Es la columna vertebral del negocio, mediante la cual se establecen los objetivos de la organización y al mismo tiempo los indicadores de desempeño.

Dichos indicadores generalmente se comparten en todos los niveles de la organización para lograr la alineación de recursos.

Por lo general una buena planeación estratégica considera la meta y las condiciones necesarias, y repito los indicadores para cada una de ellas.

Una de las herramientas utilizadas con frecuencia por las organizaciones para desplegar los indicadores que son el resultado de la planeación estratégica son los indicadores balanceados de desempeño, que en inglés se conocen como BalancedScorecard. Estos consideran en forma general todas las áreas de la organización de una manera simplificada. A continuación te comparto las áreas que se consideran en el despliegue de la planeación estratégica.

Indicadores financieros

- Ventas
- Utilidades por lo general como porcentaje de ventas
- Costo de operación
- Costo de la pobre calidad

Indicadores de clientes

- Quejas formales de calidad
- Entregas a tiempo

Indicadores de empleado

- Accidentabilidad
- Rotación
- Evaluaciones de desempeño

Estos son algunos.

Los indicadores claves de desempeño sugieren una atención de todas las áreas del negocio para lograr sustentabilidad, utilidades.

Negocios con sentido común

Todo lo que hacemos o dejamos de hacer dentro de la organización tiene una repercusión con respecto al objetivo o a la meta de la organización, por lo que es importante conocer los indicadores en los cuales tu rol tiene un impacto.

En general el documento que concentra el desempeño de la organización se conoce como "Estado de resultados" o "Estado de pérdidas y Ganancias", en inglés se conoce como IncomeStatement o como Profit and Lost (P&L).

El sentido común nos dice lo siguiente:

$U = V - GO$

Utilidad es = a **V**entas - **G**astos de operación

Existen tres conceptos de utilidad:

- Utilidad bruta
- Utilidad antes de impuestos
- Utilidad después de impuestos

A los gastos de operación se los conoce también como costo de lo vendido.

El costo de lo vendido se divide para su análisis en materiales, labor o salarios, otros gastos de operación.

Se muestra a continuación de manera simplificada la proforma del estado de resultado, la cual se verá de la siguiente manera:

Ventas

Costo de lo vendido

Materiales

Salarios

Gastos

Utilidad bruta

Gastos de ventas y Administrativos

Utilidad antes de impuestos

Impuestos

Utilidad neta

Lo anterior es la estructura general del Estado de resultados o Estado de pérdidas y ganancias.

Si la razón de ser de las organizaciones, si la meta de las organizaciones es generar utilidades ahora y en el futuro por medio de las ventas, es necesario que desarrollemos los conocimientos y las habilidades para administrar nuestras actividades en función de la meta de la organización, traducir la meta de la organización en indicadores adecuados para todos los niveles de la organización.

Elementos para el desarrollo de esta competencia

Esta competencia podríamos llamarla "integradora" ya que es el punto donde hay encuentro sinérgico de las demás competencias.

La comunicación empieza en la búsqueda de información.

¿Cuánto planea generar de utilidades la operación?

¿Cuáles son las cuentas principales o los gastos mayores planeados?

¿Cuáles son los volúmenes de ventas esperados?

Con esta información se fundamenta la toma de decisiones, el liderazgo, el trabajo en equipo, la negociación, etcétera.

¿Debes saber cuáles son las ventas esperadas por producto o familia de productos?

¿Cuál es el margen de utilidad esperado por producto o por familia de productos?

¿Cuánto se espera en costo de material? Está en función del listado de materiales

¿Cuánto se espera gastar en mano de obra?

Gastos adicionales de operación, que se conocen como *overhead* o *burden*, son los gastos necesarios para transformar la materia prima en producto terminado, tales como maquinaria y gastos de amortización, herramientas, equipo de seguridad, energía, gastos administrativos, etcétera.

Existe un concepto que enlaza el mundo de las finanzas con el mundo de la producción.

Throughput sugiere uno de los expertos en la administración de procesos; no existe una traducción de esta palabra, pero sí una definición: es la velocidad con la que un sistema genera riqueza por medio de las ventas.

Este concepto enlaza y contraviene el mundo de los costos con el mundo de la producción.

La administración de procesos te dará un poco más de información al respecto.

Administración de procesos

Negocios con sentido común

Para generar utilidades por medio de las ventas hay que producir productos que se vendan. *Esto es el sentido común.*

Esta competencia tiene como objetivo administrar los procesos de manera efectiva, no importa si estás en un ambiente de manufactura o en una empresa de servicios o inclusive en procesos administrativos.

A continuación te muestro el principio general de administración de procesos, que es la base sobre la cual construiremos todo el sistema de administración de procesos.

Todo proceso tiene entradas, proceso y salidas.

De aquí deducimos que tendremos que medir entradas y salidas.

El siguiente elemento que debe considerarse en la administración de procesos es que todos los sistemas o procesos tienen al menos una restricción, es decir una etapa del proceso tiene menos capacidad o es más lenta que el resto, y esta determina el desempeño general del sistema.

Notarás que hablo de sistema y proceso como de la misma cosa, es con la finalidad de simplificar conceptos.

La restricción del sistema puede ser externa o interna.

Si la restricción es externa, puede estar en la cadena de suministros, lo cual afecta las entradas, o puede estar en el mercado.

Las restricciones externas son un poco más difíciles de administrar ya que están hasta cierto punto fuera de nuestro control.

Si la restricción es interna, esta puede estar ubicada en la operación inicial, en alguna operación intermedia, o en la operación final.

Todo esto es sentido común.

De hecho el sistema de administración de procesos que te comparto fue desarrollado por el Dr. Eli Goldratt, y el poder de su efectividad es el sentido común.

Nuestro enfoque para esta competencia es el de las restricciones internas. De hecho, en las restricciones internas hay restricciones físicas y de política.

Las físicas están relacionadas con la capacidad de maquinaria o procesos. Las de política ese refieren a la manera en que hacemos las cosas, a cómo tomamos decisiones.

Nuestro enfoque se puntualiza en las restricciones físicas.

Regresemos a nuestro esquema básico de procesos:

Entradas – Procesos – Salidas

Como nos vamos a enfocar en restricciones físicas e internas, apliquemos los siguientes principios:

Principios de administración de procesos

1. Identifica la restricción o las restricciones del sistema.
   a. Es o son los pasos del proceso que determinan el desempeño general del sistema.
2. Maximiza el desempeño de la o las restricciones.
   a. Acciones necesarias para mantener la o las restricciones operando a su máxima capacidad.
2. Establece reglas de operación en función de las decisiones del paso anterior.
   a. El resto del sistema que no son restricciones deberá subordinarse a las decisiones tomadas en el paso 2.
2. Eleva la capacidad de la restricción.
   a. Regla general: la capacidad de la restricción deberá ser al menos un veinte por ciento mayor o igual que el requerimiento del mercado.
   - Si la restricción no cumple con esta regla, es urgente trabajar en mejorar el desempeño de la restricción.
   b. Este paso es el principio de mejora continua, cuidando en todo momento la inercia de la mejora.
3. Regresar al punto 1
   a. Es probable que las acciones del punto anterior hayan cambiado de lugar la restricción, por lo que es

necesario que se reevalúe la capacidad del sistema en general.

Para reafirmar los principios de administración y la competencia de administración de procesos, te presento los modelos o las analogías a continuación:

Vaso

Restricción y balanceo de líneas

Supongamos que este vaso está sujeto a condiciones ideales. Sobre una mesa nivelada, los bordes del vaso perfectamente nivelados, colocamos ocho puntos en el vaso, como se muestra. Procedemos a llenar el vaso, y el líquido sube parejo por las paredes de este.

¿Por qué punto saldría primero el líquido?

El sentido común nos dice que si está sobre una mesa nivelada, los bordes perfectamente nivelados, y el agua sube parejo por las paredes del vaso, el líquido saldrá por todos los puntos en forma simultánea.

Vamos a forzar un poco el ejemplo. Te pido que escojas un numero por el que tú piensas que saldría primero. Supongamos que escogiste el número2. La probabilidad de que esto suceda se calcula de la siguiente manera:

P2 = 1/8, donde 1 representa la cantidad de puntos seleccionados, y 8 la cantidad de puntos disponibles.

Esto es igual a 125 o igual al 12.5% de probabilidad de que el líquido salga primero por el número 2.

Bien, vamos a transportarnos al mundo de las restricciones.

Le vamos a hacer un corte en el punto 1 y volvemos hacernos la pregunta.

¿Por qué punto crees que va a salir primero el agua?

Pues por el número 1.

Hay quien puede pensar que esta pregunta es una ofensa al intelecto, pero te sorprenderá encontrar en la administración de procesos que las cosas obvias y el sentido común parecieran permanecer al margen de la toma de decisiones.

La probabilidad de que se tire el agua por el punto uno es:

P1= al 100% debido a que las condiciones del vaso han cambiado, ahora tenemos una restricción.

El punto 1 representa la restricción de nivel que el vaso puede alcanzar.

Si se tiene la misma capacidad en todo el sistema, no sabremos por dónde se tirará el agua…

Uno de los primeros beneficios al implementar el sistema de administración de procesos con los principios de administración antes compartidos es la sensación de control, la certeza al 100% del desempeño del sistema.

Uno de los problemas más comunes que se enfrentan en las organizaciones es que se balancean las capacidades, y en realidad se deben balancear las cargas de trabajo.

La huerta

Modelo o analogía de administración de procesos.

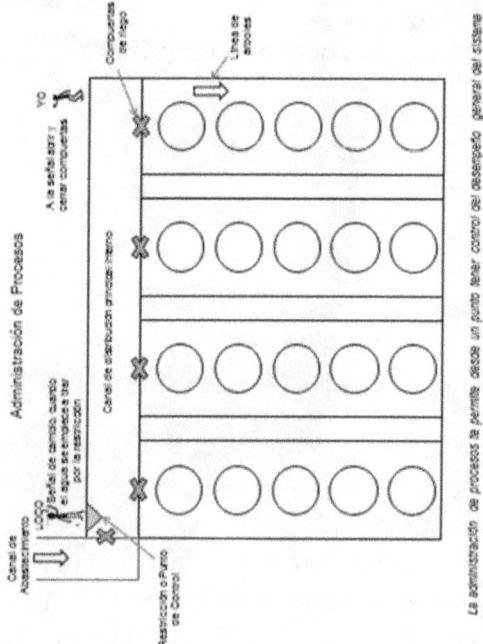

Si tienes identificada la restricción del sistema, podrás administrar el desempeño total de este desde un solo punto.

En este rancho se riega bajo un sistema que se conoce como riego rodado, es decir se conduce el agua por canales hacia las líneas de árboles.

El sistema tiene un canal principal de abastecimiento que pasa por todos los ranchos del área, y se turnan el abastecimiento.

Ya dentro del rancho cada uno tiene su forma muy particular de regar. En nuestra huerta hay un canal principal de distribución interna, por medio del cual se administra la entrada de agua hacia cada línea de árboles.

Cuando estábamos en turno para regar, mi padre hacía un corte al canal principal de distribución; yo le decía "Loco, para qué hacer el corte, por ahí se nos va a tirar el agua". Entonces él respondía: "Para eso lo quiero, para que por ahí se nos tira el agua".

Él se sentaba cerca del punto donde el canal de abastecimiento transfería agua al canal principal de distribución interna y cerca del corte que él hacía. "Aquí puedo asegurar que no falta agua hacia el interior del sistema y administrar cuando hacer un cambio de línea", me decía.

Todas las compuertas de entrada a las líneas permanecían cerradas, el canal de distribución interna se iba llenando poco a poco. Y cuando el agua empezaba a tirarse por el corte que mi padre había hecho, él levantaba la mano, y era señal de que había que abrir la primera compuerta para regar la primera línea.

El agua hacía su recorrido por la primera línea, al llenarse la línea, el remanso del agua forzaba nuevamente a llenar el canal principal de distribución interna.

Cuando el agua empezaba nuevamente a tirarse por el corte, mi padre levantaba la mano, era señal de cerrar la primera compuerta y abrir la segunda para iniciar el riego de la segunda línea.

Este proceso se repetía hasta terminar el riego de todas las líneas.

Elementos para el desarrollo de esta competencia

Lo primero que se debe reconocer es que todos los sistemas o procesos, que usaremos de manera indistinta, tienen al menos una restricción.

Una restricción se define como la operación o el paso del proceso que determina el desempeño total del sistema.

A nadie le gusta tener restricciones, y la inercia nos invita a eliminarlas todas, lo cual es un error muy común. Más bien debemos administrar sobre la base de la o las restricciones de un sistema.

Y elevar la restricción es una acción necesaria cuando la capacidad de esta se sitúa por debajo del requerimiento del mercado.

Como regla general, se recomienda que la restricción tenga al menos el veinte por ciento más de capacidad que el requerimiento de mercado.

Un proceso se define como la secuencia de pasos iterativos para lograr un fin, en otras palabras: son las operaciones secuenciadas necesarias para fabricar o construir el producto terminado, igualmente aplica para proveer un servicio.

¿Existe un programa de producción?

¿El programa de producción contempla la capacidad de la restricción?

¿La restricción tiene un 20 % más de capacidad que el requerimiento del cliente?

Identifica la secuencia de operaciones

¿Cuál es el desempeño de la o las líneas de producción con respecto a lo planeado?

¿El reporte de producción contempla el monitoreo de la restricción?

¿Identifica los lugares en donde se tiene inventario en proceso?

¿Ese inventario en proceso está planeado?

Las preguntas anteriores te ayudarán al desarrollo de esta competencia, así como los modelos que a continuación te comparto. Te comento que los modelos son genéricos, habrá que adaptarlos a cada proceso y situación.

Círculo y sistema de creencias

Dibuja un círculo usando solo lápiz y papel. Tal vez te preguntas de qué tamaño. Del tamaño que quieras.

Ya que terminaste de hacer el círculo, evalúalo, pon en la parte de adentro una calificación del 1 al 10, donde 10 es el círculo perfecto. Ahora pide a alguien más que califique el círculo sin dejarse influenciar por el número que tú pusiste, pídele que coloque su calificación en la parte de afuera del círculo...

Por lo general el número de adentro es mayor, menor o igual al número de afuera. Te preguntarás cómo es que adiviné esto. Es parte del poder mental que brinda la administración de procesos sobre la base de restricciones, sentido común.

Lo primero que encontramos es que cada quien tiene su paradigma o modelo del círculo, con el cual comparamos y evaluamos nuestro círculo. De la misma manera, cada quien tiene una forma muy particular de administrar procesos, por lo que será necesario tener principios universales básicos de administración de procesos.

¿Crees que hacer un círculo perfecto usando solo lápiz y papel es fácil o difícil?

Intenta hacer un círculo perfecto, usando solo lápiz y papel.

¿En esta ocasión lo hiciste más rápido? ¿Más lento? ¿Salió mejor?

¿Crees que es posible hacer un círculo perfecto usando solo lápiz y papel?

Bien, yo te voy a guiar para hacer un círculo perfecto usando solo lápiz y papel.

Primero te compartiré una observación que he hecho casi todas las veces que he pedido hacer este ejercicio.

Por lo general, para hacer el círculo, hacemos un movimiento circular de nuestro antebrazo/mano, *porque así lo hemos hecho siempre,* ese movimiento está grabado en nuestra mente inconsciente. Te sorprenderá saber que muchas de las cosas que hacemos en la administración de procesos las hacemos porque así lo aprendimos y lo hemos hecho de la misma manera por mucho tiempo.

Este ejercicio simple de hacer un círculo perfecto usando solo lápiz y papel transforma nuestro sistema de creencias de algo que tal vez consideremos difícil a algo fácil.

La administración de procesos puede parecer compleja, pero en realidad es simple. Lo complejo son las restricciones de política, que se pueden resumir básicamente en la manera en que hacemos las cosas, cómo tomamos decisiones.

Bien, hacer un círculo perfecto se logra partiendo del principio de mejora continua. *Cómo puedo utilizar los mismos recursos que tengo de manera diferente y obtener mejores resultados.*

En vez de hacer un movimiento circular con nuestro antebrazo, vamos a girar la hoja.

Sigue los pasos que a continuación se describen y lograrás hacer un círculo perfecto usando solo lápiz y papel.

Te recuerdo que vas a girar la hoja con la mano libre, es como hacer un compás entre tu nudillo del dedo meñique y el lápiz.

- Iniciamos con una hoja en blanco y lápiz en mano.
- Toma el lápiz como normalmente lo haces.
- Coloca tu mano en posición de escribir, apoyando la punta del lápiz en la hoja. Podrás notar que apoyas el peso en un costado de la palma de tu mano.
- Levanta tu muñeca levemente sin despegar la punta del lápiz y coloca el nudillo de tu dedo meñique como apoyo, este es el punto de apoyo o centro donde girará la hoja.
- Con tu mano libre gira la hoja, hasta cerrar el círculo. El compás está formado entre el nudillo del dedo meñique y la punta del lápiz.

Muy bien, con la práctica será posible que domines esta técnica.

Pero más que enseñarte a hacer círculos perfectos, este ejercicio nos brinda la oportunidad de reaprender varias cosas.

Los paradigmas o patrones de pensamiento como se los conoce en la administración nos llevan a tomar decisiones automáticas, por lo cual debemos estar dispuestos a reaprender nuevas formas de hacer las cosas.

Cambio en nuestro sistema de creencias. Algo que al inicio podría parecer difícil de hacer lo transformamos con un proceso de pensamiento diferente y con la evidencia objetiva de que sí se puede lograr. *¿Hacer un círculo perfecto usando solo lápiz y papel es difícil o fácil?*

Un principio básico de la mejora continua. *Cómo puedo usar los mismos recursos que tengo de manera diferente y obtener mejores resultados.*

COMPETENCIAS CONDUCTUALES

Son conocimientos y habilidades relacionados con la manera en que nos conducimos en el ambiente laboral.

Estos conocimientos y estas habilidades, además de ayudarnos a convivir de forma efectiva con nosotros mismos y con los demás, nos permiten ser más competitivos.

Generalmente las empresas promueven principios y valores que eventualmente se convierten en pilares de la cultura y el comportamiento organizacional.

MANEJO EFECTIVO DEL CAMBIO

El cambio es una realidad inminente, nuestro entorno cambia a una velocidad impresionante, y nosotros mismos cambiamos a cada segundo.

El cambio es parte de nuestra vida. Al nacer experimentamos uno de los cambios más sorprendentes de nuestra vida. Este cambio nos permite registrar a nivel inconsciente que estamos diseñados para adaptarnos rápidamente a nuestro entorno.

Nuestro cuerpo como sistema cuenta con una función llamada homeostasis, que es la capacidad a nivel celular de mantener el equilibrio.

Se ha comprobado que esta capacidad de mantener el equilibrio existe también a nivel mental, en nuestro proceso de pensamientos, la forma en que captamos e interpretamos nuestra realidad, la cual percibimos por medio de nuestros sentidos.

No podemos hablar del manejo efectivo del cambio sin dejar de mencionar la resistencia al cambio.

La resistencia al cambio es un estado natural que aparece de manera inconsciente al enfrentar un nuevo orden de cosas, un cambio.

La buena noticia es que nos hemos enfrentado a innumerables cambios en nuestra vida, algunos los adoptamos mágicamente, y otros nos cuesta bastante esfuerzo. Te sorprenderá saber que la diferencia es cómo procesamos y enfrentamos ese cambio a nivel mental.

Recuerda cuando aprendiste a andar en bicicleta, un cambio bastante significativo. Enfrentamos ese reto con gusto, al principio con un poco de miedo, pero con la convicción de que podíamos hacerlo, y después de unos minutos esa nueva manera de andar por la vida se volvió algo normal.

Hace algunos años preparaba una conferencia acerca de cómo vencer la resistencia al cambio. Encontré un artículo que hablaba de *la zona de confort,* había frases como "Salte de tu zona de confort".

El artículo se refería a la zona de confort como algo negativo, un lugar o un estado donde la productividad es baja, por lo que la idea central era *salir de la propia zona de confort,* lo cual genera una disonancia cognitiva.

Esto me llevó a consolidar mi conferencia, la cual titulé "Venciendo la resistencia al cambio. No te salgas de tu zona de confort, transfórmala, hazla dinámica".

Pero vamos al manejo efectivo del cambio, ahora que ya estás en el mercado laboral.

No se trata de cambiar por cambiar.

¿Cómo están los indicadores de desempeño de la empresa?

¿Qué cambiar?

¿Cambiar para corregir o cambiar para mejorar?

Los cambios deberán estar en función de los resultados de la empresa.

De acuerdo a la planeación estratégica y a la administración de procesos.

En lo personal, la forma más efectiva de manejar el cambio es:

1. Aceptar el cambio como parte inherente de nuestra vida.

2. Cualquier cambio nos da la oportunidad de transformarnos, de ser mejores, incluso aquellos cambios que no lo parecieran.

3. Refuerza tu sistema de creencias y tus dones personales.

4. No te salgas de tu zona de confort, transfórmala, hazla dinámica.

5. Gestiona el cambio, emprende, mantente a la vanguardia,

Les comparto una oración de San Francisco de Asís la cual ha sido utilizada por algunas corrientes administrativas como la oración del situacionista.

"Concédeme, Señor, serenidad para aceptar las cosas que no puedo cambiar, valor para cambiar las que puedo, y sabiduría para reconocer la diferencia".

COMUNICACIÓN

La comunicación será en repetidas ocasiones una competencia y un proceso muy controversial, la comunicación efectiva en el mercado laboral debe estar en función nuevamente de los objetivos de la organización.

Despliegue de objetivos

Esta es una actividad clave dentro del proceso de comunicación organizacional, se deberán dar a conocer los objetivos de la organización y cuáles son los indicadores claves de desempeño.

Otra actividad muy importante dentro de este proceso de comunicación es traducir los objetivos de la organización a objetivos departamentales y posteriormente a objetivos personales, cuidando en todo momento mantener la alineación de estos.

La información es poder

Una vez que estás dentro de una organización, debes procurar obtener la mayor información posible de la organización.

Reglas escritas o no

Todas las organizaciones promueven un conjunto de reglas y valores que a la larga se convierten en la cultura de la organización. Sin embargo, también existen reglas que no están escritas y están relacionadas a lo que la organización, nuestro departamento o nuestro jefe valoran.

La observación como parte de nuestro proceso personal de comunicación se vuelve clave para identificar esas reglas no escritas.

La comunicación como competencia gerencial básica se desarrolla y fortalece de la siguiente manera:

- Asegúrate de que sabes cuáles son tus objetivos personales, para la organización y para tu plan de vida y carrera profesional. Recuerda usar tus dones personales.
- Cuáles son los objetivos de la organización. Investiga, dedica al menos una hora diaria a obtener información acerca de la organización.
- Aprende la terminología que usa la organización.
- Explota los canales de comunicación personal sensorial, el visual, el auditivo, en tu interacción con personal de todos los niveles.

TOMA DE DECISIONES

Una de las condiciones necesarias para que esta competencia se ejecute con efectividad es la alineación entre la responsabilidad y la autoridad.

En el mundo de los negocios la efectividad de la toma de decisiones debe tener una prioridad, lo cual nos permite tener una mayor efectividad en el uso de los recursos.

Lo anterior se debe a que en el ambiente laboral debemos desarrollar la habilidad de administrar tareas o proyectos múltiples simultáneos.

Esto nos lleva nuevamente a los indicadores de desempeño. El desarrollo de esta competencia y la aplicación efectiva de esta se pueden basar como principio en qué hacer, cómo hacerlo, con quién hacerlo, para cuándo hacerlo.

Otra parte de la efectividad radica en establecer prioridades adecuadamente, para lo cual sugiero las siguientes prioridades. El sentido común establece la jerarquía:

- *Seguridad.* Si existe una condición insegura o ha ocurrido un incidente o accidente, se deberá tomar la decisión de iniciar un proyecto para resolver esta situación.
- *Queja formal de cliente.* Si se tiene un problema de calidad o entrega a tiempo reportado por el cliente, la toma de decisiones deberá ser inmediata, primero conteniendo el problema, y posteriormente investigando el origen del problema para tomar la decisión de acciones permanente para eliminar la fuente o el origen del problema.
- *Administración de la restricción.* Cualquier actividad o proyecto que tenga como objetivo optimizar el desempeño de la restricción debe estar en nuestras prioridades para la toma de decisiones.
- *Costo.* El costo de operación es una de las prioridades que deben tenerse en cuenta cuando se toman decisiones.

- En todo momento considerar el desarrollo humano como parte integral de cualquier elemento de prioridad.

El estado de los indicadores de desempeño es la información de entrada para la jerarquía de las prioridades en la toma de decisiones.

IMAGEN

Es una realidad que nuestra apariencia influye en las relaciones interpersonales.

Recuerdo que uno de mis mentores, y que posteriormente fue un buen amigo, me decía que en los negocios hay que vestir un poco más de lo requerido por el puesto.

Sin embargo, es también una realidad que tanto en los negocios como en la vida no solo nuestra apariencia determina nuestra imagen.

La imagen es una competencia gerencial compleja ya que es el resultado de la aplicación de todas las otras competencias gerenciales y el uso de nuestros dones personales.

En otras palabras, la imagen se construye a cada momento, de la forma que te comunicas o tomas decisiones, al participar en equipo y mostrar tu liderazgo… Todo eso es parte de tu imagen.

COMPETENCIAS FUNCIONALES DE GESTIÓN

Estos son el conocimiento y las habilidades que nos permiten lograr que nuestras ideas trasciendan, que podamos influir en nuestro entorno, que realmente seamos agentes de cambio y lograr un crecimiento profesional.

LIDERAZGO

Existen muchas teorías de liderazgo. Algo que me llama la atención es que frecuentemente escucho la comparación entre jefe y líder, al líder se lo coloca como el ser perfecto, que escucha, comprende, se interesa por su equipo, etcétera.

Y bueno, si bien es cierto que esas son algunas de las características de un líder, considero que debido a que el liderazgo es situacional, la característica más importante de un líder es lograr resultados.

Es obvio que los líderes se hacen, y el desarrollo de esta competencia se basa en el liderazgo personal. Es el compromiso de liderar nuestra existencia visualizando lo que queremos lograr en la vida y en nuestra carrera profesional, comprometernos con ese sueño y hacer lo que sea necesario por lograrlo, teniendo en mente en todo momento nuestros dones personales.

Un buen ejercicio para fortalecer el liderazgo personal es escuchar a tus padres; si no los tienes, busca la amistad de adultos mayores, disfruta un momento con ellos, interésate genuinamente por sus necesidades, haz lo mismo con otros familiares y amigos.

En el mundo de los negocios te comparto un modelo de liderazgo situacional progresivo, en donde una coordenada es t= el tiempo que se tiene en la operación, y la otra es el porcentaje de conocimiento de la operación.

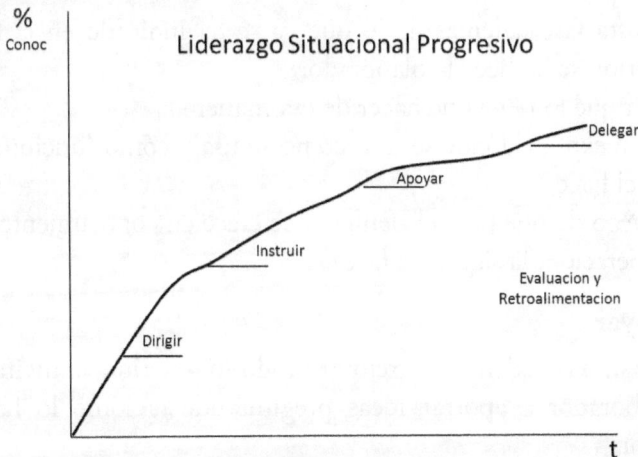

Liderazgo Situacional Progresivo

En la aplicación del liderazgo situacional progresivo se busca desarrollar en los colaboradores el liderazgo personal hasta llegar a la delegación efectiva.

La delegación efectiva se caracteriza por dar al colaborador la responsabilidad, la autoridad y la conciencia en la rendición de cuentas.

Como puedes apreciar en el diagrama anterior, el liderazgo situacional progresivo consta de cuatro fases o etapas.

Dirigir

En esta fase se le dice al colaborador:

Qué hacer

Cómo hacerlo

Para cuándo hacerlo

Qué medir, cómo controlar

Etcétera

En esta fase no se explica por qué hacerlo de tal o cual manera.

Luego de que pasa el tiempo, y se crece en conocimiento de la operación, la siguiente fase es:

Instruir

En esta fase, además de lo que ya se ha indicado en la fase anterior, se le dice al colaborador:

Por qué lo tiene que hacer de esa manera.

Y se explica dónde se usa, cómo se usa y cómo funciona lo que él hace.

Luego de que pasa el tiempo y se crece en conocimiento de la operación, la siguiente fase es:

Apoyar

En esta fase además de reforzar todo lo anterior, se invita al colaborador a aportar ideas preguntando "¿Cómo lo haría mejor?".

Luego de que pasa el tiempo y se continúa creciendo en conocimiento de la operación, la última fase de este modelo es:

Delegar

En esta fase se da entera responsabilidad, autoridad y conciencia en la rendición de cuentas...

En esta fase solo se le dice al colaborador qué hacer y para cuándo.

En todo momento o en todas las fases habrá que evaluar y retroalimentar al colaborador, esto nos da información de la efectividad con la que el porcentaje de conocimiento se va adquiriendo.

Negociación

En la vida, como en los negocios, uno no obtiene lo que merece, obtiene lo que negocia.

Este es uno de los principios de negociación que promueve el Dr. Karrass.

Se estima que alrededor del diez por ciento de los profesionistas han tenido una formación en negociación; el resto lo ha aprendido sobre la marcha.

Negociamos a cada momento un permiso, un precio, tiempo, etcétera.

Existen básicamente dos formas de negociación:

La *negociación competitiva*, en la que una de las partes gana y la otra pierde.

La *negociación cooperativa*, en la que ambas partes ganan, ganar – ganar.

La negociación competitiva es por lo general negociación de una sola vez.

La negociación cooperativa es lo mejor cuando la relación entre las partes es hasta cierto punto un matrimonio comercial.

Ganar – ganar no significa "ni tú, ni yo", porque en ese caso ambos estarían perdiendo; en la negociación cooperativa o ganar – ganar, se busca traer a la negociación algo que enriquezca la negociación y que ambas partes obtengan lo mejor.

Existen muchas técnicas de negociación, pero básicamente se aplican en las dos formas antes mencionadas, por mencionar algunas técnicas y sus características.

El regateo: se hace una oferta y una contraoferta, en la negociación competitiva, se puede esperar algo masi como "Si quieres", como una forma de presionar para cerrar el trato.

En la negociación cooperativa, se buscan alternativas para ver qué más puede agregarse a la negociación, que la haga más rica.

El poder de la información en la negociación: cuanto más preparado estés para la negociación, más oportunidades tendrás de llegar al mejor acuerdo, en beneficio de ambas partes.

Tocando puntos rojos: esta técnica se enfoca más que nada en descubrir qué le molesta o perturba a la contraparte para distraer la atención en el momento de la toma de decisiones, de ceder o cerrar.

Una técnica que en lo particular me gusta mucho y disfruto se conoce como *playdumblike a fox*, que podríamos traducir como "juega al tonto pero en forma astuta". Esta técnica es muy útil para descubrir si los límites impuestos en la negociación son reales, o cuando quieres obtener más información de tu contraparte.

Date margen para ceder, no importa que estés negociando, tiempo pide el doble de lo que necesites, dinero pide el 30% más de lo que estés dispuesto a aceptar.

Repetir es una técnica utilizada para hacer reflexionar a la contraparte sobre su postura y que eventualmente puede ayudarte a que ellos cedan. Consiste en repetir prácticamente lo que ellos plantean y terminar diciendo "Entendí bien, ¿verdad?".

El silencio en la negociación es muy poderoso. Debes de saber que cuando se llega al silencio, el primero que habla es el que pierde. Recuerda que estás negociando ya dentro de la organización. Te anticipo que son de las negociaciones más duras, ya que existe algo que se conoce como lucha de poder, yo la llamo lucha por el poder ficticio.

Lo mejor en la negociación es dejar a un lado la parte sentimental, es decir nunca tomar personalmente los comentarios hechos durante la negociación, por lo que la objetividad de la negociación está en función de los indicadores de desempeño.

Te recuerdo que en la negociación se negocia, se arriesga y se aprende.

Estás negociando que se acepte una propuesta tuya, prepárate.

¿Qué quieres lograr?

¿Cuál es la razón más poderosa por lo que esto es importante?

¿Para cuándo lo quieres lograr?

¿Lo que quieres lograr está dentro de tu rol y de tu responsabilidad?

Al final se debe lograr que quede claro qué se va a hacer, quién lo va a hacer y para cuándo se va a hacer, de lo contrario el cierre no es efectivo.

Trabajo en equipo

Nos han enseñado desde pequeños que la vida es competencia, además de a ser cada vez más individualistas.

La realidad es que es necesaria la participación de otros para un desarrollo profesional efectivo. Los talentos personales al unirse a otros talentos crean la sinergia para lograr mucho más de lo que uno solo puede lograr.

Para ser un buen jugador de equipo, se deben tener objetivos claros en lo personal y en la organización, se debe poner en práctica el liderazgo personal, esto facilita que te conviertas en un jugador de equipo.

Los roles y las expectativas deben ser claros para cada miembro del equipo.

La aplicación del liderazgo personal nos permite alinear los objetivos personales con los objetivos del equipo.

TECNOLOGÍA DE LA ADMINISTRACIÓN

Esto se refiere a cómo la tecnología influye en el estilo gerencial o el estilo de liderazgo.

Esta competencia gerencial se desarrolla adquiriendo conocimiento de lo siguiente:

Conocimiento del producto
  Dónde se usa el producto
  Cómo se instala
  Cómo funciona o cuál es su función
  Características críticas del producto/Calidad
Conocimiento del proceso
  Capacidad del proceso
  Tiempos de ciclo
  Tiempo de entrega
  Ubicación de la restricción
  Sistema de manufactura/Administración de proceso
  Reportes de desempeño
  Programa de producción/Requerimiento del cliente
Conocimiento de la maquinaria o equipo
  Tipo de maquinaria o procesos específicos
  Herramentales
  Costo de mantenimiento
Cultura organizacional
  Cómo se hacen las cosas aquí
  Reglas escritas o no

Hay productos y procesos en los que se requiere alta tecnología, y otros en los que la mano de obra es intensa; cada uno requiere diferente estilo gerencial.

En las empresas de alta tecnología, se requiere conocimiento técnico para liderar en forma más efectiva.

En las empresas de mano de obra intensa, el manejo de relaciones interpersonales es fundamental.

La comunicación es muy particular para cada situación. En las empresas de alta tecnología, se requiere un lenguaje técnico, mientras que en las de labor intensa, se requiere emplear la inteligencia emocional como parte de nuestra comunicación.

Mensaje final

El uso adecuado de tus dones personales te dará elementos para lograr una integración rápida y efectiva al mercado laboral.

Visualiza lo que quieres, sueña en grande, *si tus sueños no te dan miedo, es que no son lo suficientemente grandes.* Comprométete con ese sueño y aprende lo que tengas que aprender, trabaja de forma honesta, con tu conciencia tranquila, y nunca dejes de moverte hacia adelante.

Recuerda que tú eres el responsable de escribir, diseñar tu plan de carrera y de tu vida, nadie más lo hará por ti.

El objetivo principal de este libro es el de brindarte una guía para el desarrollo de tus competencias gerenciales básicas, y que esto te ayude a desarrollar una estrategia para tu integración de forma rápida y efectiva en el mercado laboral.

Espero contribuir a que tu proceso de integración sea más efectivo.

Y que el éxito te acompañe a cada momento.

Modelo de Integración al Mercado Laboral
3 - D

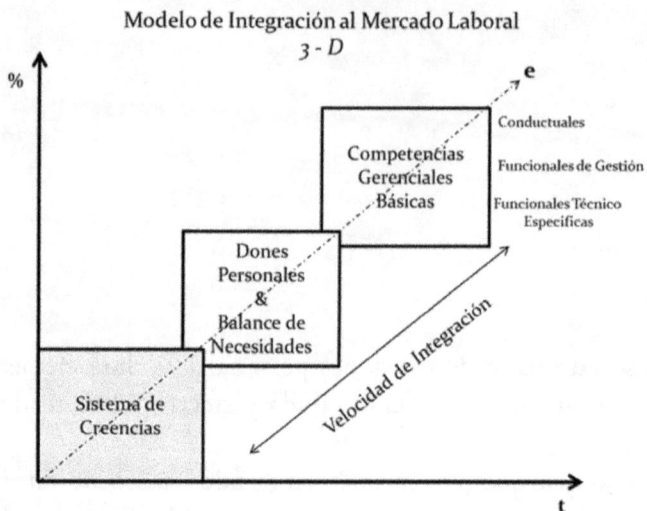

Competencias Gerenciales Básicas

Conductuales

Funcionales de Gestión

Funcionales Técnico Específicas

Dones Personales & Balance de Necesidades

Sistema de Creencias

Velocidad de Integración

Índice

Editorial LibrosEnRed

LibrosEnRed es la Editorial Digital más completa en idioma español. Desde junio de 2000 trabajamos en la edición y venta de libros digitales e impresos bajo demanda.

Nuestra misión es facilitar a todos los autores la edición de sus obras y ofrecer a los lectores acceso rápido y económico a libros de todo tipo.

Editamos novelas, cuentos, poesías, tesis, investigaciones, manuales, monografías y toda variedad de contenidos. Brindamos la posibilidad de comercializar las obras desde Internet para millones de potenciales lectores. De este modo, intentamos fortalecer la difusión de los autores que escriben en español.

Ingrese a www.librosenred.com y conozca nuestro catálogo, compuesto por cientos de títulos clásicos y de autores contemporáneos.

* 9 7 8 1 6 2 9 1 5 3 7 2 8 *